AF460505

1866 3 Mai

NOTICE

DE QUELQUES

LIVRES RARES

ET PRÉCIEUX

CANTIQUES & CHANSONNIERS DU XVIe SIÈCLE
MUSIQUE ANCIENNE
LIVRES A FIGURES, ORNEMENTS, ETC.

DONT LA VENTE SE FERA

Le Jeudi 3 mai 1866, à sept heures du soir

MAISON SILVESTRE

Rue des Bons-Enfants, n° 28, salle du premier

Par le ministère de Me DELBERGUE-CORMONT, commissaire-priseur,
rue de Provence, n° 8

ASSISTÉ DE M. TROSS, LIBRAIRE

PARIS
LIBRAIRIE TROSS
5, RUE NEUVE-DES-PETITS-CHAMPS, 5

1866

CONDITIONS DE LA VENTE.

Les adjudicataires payeront, en sus des adjudications, cinq centimes par franc, applicables aux frais.

Les livres vendus devront être collationnés sur place dans les vingt-quatre heures. Passé ce délai, ou une fois sortis de la salle de vente, ils ne seront repris pour aucune cause.

Il y a exposition le jour de la vente, de 2 heures à 4 heures.

ORDRE DE LA VACATION.

76—117

1— 75

Nous nous permettons d'attirer l'attention de MM. les Amateurs sur la musique vocale du XVIe siècle contenue dans ce catalogue. Les exemplaires qui contiennent comme les nôtres, toutes les voix, sont de la plus grande rareté.

NOTICE

DE

LIVRES RARES ET PRÉCIEUX

I. — Musique, Cantiques, Chansonniers.

1. Flores musice omnis cãtus Gregoriani. *Argentine, p. Johannem Prysz., anno Mccccclxxxviij* (1488). Pet. in-4, goth., musique, vél.

Bel exemplaire. Cette édition, qui contient 99 feuillets dont le dernier blanc, n'est pas citée par les bibliographes. On remarque un grand tableau plié entre la signature D 2 et D 3.

2. Opera Joanis Fœnisecae Augn. hec in se habent : continens in se septem artes liberales veterum. *Augustæ Vindel., impensis Jo. Miller atq. Jo. Fœnisece (impress. p. Erh. Œglin)*, 1515. Pet. in-4, fig. en bois, vél.

Bel exemplaire. Le petit volume se compose de 20 feuillets et d'un grand tableau plié ; il contient un curieux traité sur la musique.

2 *bis*. Athanasii Kircheri, Societ. Jesu, Musurgia universalis, sive ars magna consoni et dissoni, in X libros digesta. Qua universa sonorum doctrina et philosophia, musicaque, tam theoricæ quam practicæ, scientia summa varietate traditur. *Romæ*, 1650. 2 vol. en un, in-folio, fig. et musique, mar. rouge, fil.

Exemplaire aux armes de J. B. Colbert.

3. Canto harmonico in cinque parti diviso, col quale si puo arriuare alla perfetta cognitione del canto fermo, del R. F.

Andrea di Modona. *In Modana, eredi Cassini*, 1690. 2 vol. en un, in-4, vél. non rog.

Bel exemplaire. C'est, au jugement de M. Fétis, un des meilleurs ouvrages que l'on ait sur le plain-chant, mais les exemplaires sont d'une rareté excessive.

4. Il Cantore ecclesiastico per instruzione de religiosi minori conventuali, e benificio commune di tutti gl' ecclesiastici del P. Gius. Frezza dalle Grote. *In Padova, Stamperia del Seminario,* 1713. In-4, cart. (*Légère mouillure.*)

5. Premier livre des Chançôs a quatre parties, auquel sont contenues trente et une nouuelles chançons. *Anvers, Th. Susato*, 1543. — Second livre, 31 chançons. *Anvers*, 1544. — Le tiers livres, 37 chançons. *Anvers*, *S. D.* — Le quart livre, cont. 34 chançons. *Anvers*, 1544. Superius, Contra-Tenor, Tenor, Bassus. — Le cinquiesme livre, cont. 32 chançons à 5 et 6 parties. *Anvers*, 1544.— Le sixiesme livre, cont. 31 chançons à 5 et 6 parties. *Anvers*, 1544. — Le septiesme livre cont. 24 chansons à 5 et 6 parties. *Anvers*, 1545. Superius, Tenor, Contra-Tenor, Bassus, Quinta et Sexta pars. — Le huitiesme livre de chansons à 4 part., cont. 32 chansons. *Anvers*, 1545. — Le neufiesme livre des chansons à 4 part., cont. 29 chansons, composées par maistre Pier de Manchicourt. *Anvers*, 1545. — Le dixiesme livre, contenant la bataille de Clement Janequin. Superius, Contra-Tenor, Tenor, Bassus. *Anvers, chez Th. Susato, demeurant près de la nouvelle Bourse*, 1545. 43 part. 10 vol. rel. en 5. pet. vél. in-4 obl., tr. dor.

Toutes les voix. Complet. Les compositeurs sont : Susato, Créquillon, Racourt, Roger, Canis, Pieton, Sandrin, Gombert, Lupi, Pier de Manchicourt, Le Coq, Vuillart, Certon, Benedictus, Larchier, Baldwyn, Josquin de Pres, Vinders, Clemens, non Papa, Ciprien de Rore, Janequin, etc.

Bel exemplaire. 3 cahiers ont de légers racommodages.

6. Le premier livre des Chansons à 2 ou 3 parties, contenant trente et une nouuelles chansons. Composé à Anvers par Thielman Susato, demourant en ladicte ville auprès de la

nouuelle Bourse. Superius, Tenor, Bassus. *Anvers*, 1544. 3 part. in-4 obl., cart., tr. dor.

Toutes les voix. Complet. Exemplaire très-grand de marges.

7. Vingt et six Chansons musicales et nouvelles à cinq parties, convenables tant à la voix comme aussi propices à iouer de diuers instruments. *Nouuellement imprimées à Anvers, par Thielman Susato*, (vers 1544). Superius, Contra-Tenor, Tenor, Bassus. 4 part., in-4 obl., cart., tr. dor.

Toutes les voix. Complet. Les compositeurs sont : Créquillon, Mouton, Canis, Gombert, Susato, Baston, Gallus, etc. Deux cahiers ont de légers racommodages.

8. Harmoniæ miscellæ cantionum sacrarum ab exquisitissimis ætatis nostræ musicis cum quinque et sex vocibus concinnatæ, editæ studio Leonardi Lechneri Athesini. Cantus, Altus, Tenor, Basis, Quinta et Sexta vox. *Noribergæ, typis Gerlachianis*, 1583. 6 part., in-4 obl., br., r.

Toutes les voix. Complet. Cette collection contient 42 pièces par Orlando di Lasso, P. de Monte, Cypr. de Rore, Ann. Paduano, Petr. Prænestinus, C. Porta, Ant. Ingignerius, J. Guami, A. Gabrieli, A. Morari, Ferd. de Lasso, J. de Wert, A. Ferabosco, Hann. Meloni, et autres. L'exemplaire est beau. La *sexta pars* a une légère mouillure.

9. Sacræ Cantiones, cum quinque, sex et pluribus vocibus, de festibus præcipuis totius anni, a præstantissimis Italiæ musicis nuperrime concinnatæ. Opera Friderici Lindneri. Discantus, Altus, Tenor, Bassus, Quinta et Sexta vox. *Noribergæ, ex off. Catharinæ Gerlachiæ*, 1595. 6 vol. in-4 obl., br., r.

Toutes les voix. Complet. Cette collection contient 41 pièces, par Palestrina, Prænestini, Pennequini, Cornetti, Meruli, Zallamella, Don Ferd. de Las Infantes, Ferabosci, Marazzi, Cardillo, Massiani Dorati, Guami, Faignient, etc. L'exemplaire est beau, mais légèrement mouillé.

10. Continuatio Cantionum sacrarum, quatuor, quinque, sex, septem, octo et plurium vocum, de festis præcipuis anni, a præstantissimis Italiæ musicis nuperrime concinnatarum. Opera Friderici Lindneri. Cantus, Altus, Tenor, Bassus,

Quinta et Sexta vox. *Noribergæ, ex off. Catharinæ Gerlachiæ,* 1588. 6 part., in-4 obl., br., r.

Toutes les voix. Complet. La collection contient 56 pièces, par Jean Gabriel, A Gabriel, Porta, Annib. Stabilis, N. Parma, Gabutius, R. de Mel, V. Ruffi, Cardilli, etc. Bel exemplaire.

11. Corollarium Cantionum sacrarum, quinque, sex, septem octo et plurium vocum de festis præcipuis anni. Quarum quædam ante, in Italia editæ sunt, quædam vero nuperrimæ concinnatæ, nec uspiam typis excusæ, et nunc in unum quasi corpus redactæ, opera Fr. Lindneri. Cantus, Altus, Tenor, Bassus, Quinta et Sexta vox. *Noribergæ, ex off. C. Gerlachiæ,* 1590. 6 part., in-4 obl., br., r.

Toutes les voix. Complet. Cette collection contient 69 pièces, par A. Jngignerii, B. Klingenstein, J. Corsini, R. de Mel, Ph. de Monte, J. Florii, Orlando di Lasso, P. Aloisius, A Trombetti, Annibal Stabilis, P. Prænestini, Jul. Cartarii, Dom. Lauri et autres. Bel exemplaire.

12. Sacræ Lectiones novem e propheta Job, quatuor vocum, Autore Orlando di Lasso. Discantus, Altus, Tenor, Bassus. *Noribergæ, apud Theodoricum Gerlatzenum,* 1567. 4 part., in-4 obl., br., r.

Toutes les voix. Complet. Bel exemplaire.

13. Magnificat octo tonorum, sex, quinque et quatuor vocum, nunc primum excusa et per Orlandum di Lasso, excellentiss. musicum composita. Discantus, Altus, Tenor, Bassus, Vagans et Sexta vox. *Noribergæ, apud Theodoricum Gerlatzenum,* 1567. 6 part., in-4 obl., br., r.

Toutes les voix. Complet. Très-bel exemplaire.

14. Selectissimæ Cantiones, quas vulge motetas vocant, partim nusquam in Germania excusæ, quinque et quatuor vocibus, compositæ per excellentissimum Orlandum di Lassus. Discantus, Altus, Tenor, Bassus, Vagans. *Noribergæ, apud Theodoricum Gerlatzenum,* 1568. 5 vol. in-4, br., r.

Toutes les voix. Complet. Très-bel exemplaire. Cette collection contient 51 pièces.

15. Selectissimæ Cantiones quas vulgo motetas vocant, partim nusquam in Germania excusæ, sex et pluribus vocibus compositæ per excellentissimum musicum Orlandum di Lassus. Discantus, Altus, Tenor, Bassus, Quinta vox, Sexta vox. *Noribergæ, apud Theodoricum Gerlatzenum*, 1568. 6 vol. in-4 obl., br., r.

Toutes les voix. Complet. Très-bel exemplaire. Cette collection contient 46 pièces. Elle est tout une autre que la précédente.

16. Cantiones aliquot quinque vocum, tum viva voce, tum omnis generis instrumentis, cantatu commodissimæ. Discantus, Altus, Tenor, Bassus, Quinta vox. Autore Orlando di Lassus. *Monaci, excudebat Adamus Berg*, 1569. 5 part., in-4 obl., br., r.

Toutes les voix. Complet. Bel exemplaire. Cette collection contient 23 pièces.

17. Selectarum aliquot Cantionum sacrarum, sex vocum, fasciculus, adjunctis in fine tribus dialogis octo vocum, quorum nihil adhuc in lucem est editum. Authore Orlando di Lassus. Discantus, Altus, Tenor, Bassus, Quinta et Sexta vox. *Monachi, excudebat Adamus Berg*, 1570. 6 part., in-4 obl., br., r.

Toutes les voix. Complet. L'exemplaire est beau et non rogné. La *sexta pars* a une légère piqûre.

18. Vinginti quinque sacræ Cantiones, quinque vocum, tum viva voce, tum omnis generis instrumentis, commodissimæ. Authore Orlando di Lassus. Discantus, Altus, Tenor, Bassus, Quinta vox. *Noribergæ, apud Theodoricum Gerlatzenum*, 1570. 5 part., in-4 obl., br.

Toutes les voix. Complet. Bel exemplaire non rogné.

19. Les Meslanges d'Orlande de Lassus, contenans plusieurs chansons. Revuz par lui et augmentez. Quinta et sexta pars (Contra-Tenor et Contra-Alto). *Paris, Adrian le Roy et Robert Ballard*, 1576. Pet. in-4 obl., br., r.

Bel exemplaire. Le volume contient 48 chansons en français,

italien et latin, avec le texte, et un beau portrait d'Orlando de Lassus.

20. Newe Teutsche Liedlein mit fünff Stimmen, welche gantz liebich zu singen, und auff allerley Instrumenten zu gebraushen. Von Orlando di Lassus. Discant, Alt, Tenor, Bass, V. Stimm. *München bey Adam Berg*, 1569. 5 part., in-4 obl., br., r.

Toutes les voix. Complet. Bel exempl.

21. Orlandi Lassi teutsche Lieder mit fünff Stimmen, zuvor unterschiedlich, jetzund aber mit des Hern. Authoris Bewilligung in ein Opus zusammen gedruckt. Discant, Tenor, Alt, Bass, Vte Stimme. *Gedruckt zu Nürnberg durch Catharinæ Gerlachin Erben*, 1593. 5 part., in-4 obl., br., r.

Toutes les voix. Complet. Bel exemplaire. Ces deux collections contiennent en général des chansons légères.

22. Magnum opus musicum Orlandi de Lasso, complectens omnes cantiones quas motetas vulgo vocant. Cantus, Altus, Bassus, Quinta vox. *Monachii, ex typographia Nicolai Henrici*, 1604. 4 vol. in-folio, vél.

Les titres des volumes *Cantus* et *Altus* manquent. Cette édition a été publiée par Rod. et Ferdinand de Lassus.

23. Sonetz de Pierre Ronsard, mis en musique à 5, 6 et 7 parties par M. Philippe de Monte, Maistre de la chapelle de L'Empereur. Superius, Tenor, Contra-Tenor, Bassus, Quinta pars. *A Lovain, chez Pierre Phalese, imprimeur de Musique, et en Anuers, chez Jean Bellere*, 1575. 5 part , in-4, br., rog.

Toutes les voix. Complet. Très-bel exemplaire de l'édition originale inconnue aux bibliographes. M. Brunet ne cite que des fragments de contrefaçons.

24. Animuccia. Primo libro di Madrigali, a quatro, a cinque et a sei uoci de l'Animuicca, nouamente uenuti in luce. *In Venetia, appresso Antonio Gardano*, 1547. 5 part., in-4 obl., br., rog.

Toutes les voix. Complet. Bel exempl. Le *Quintus* a une très-légère piqûre.

25. Il terzo libro delle muse a cinque voci, composto da diversi excellentissimi musici. Con uno Madrigale a sei, et uno Dialogo a otto. Canto, Alto, Tenor, Basso, Quinto. *In Venetia, Ant. Gardano*, 1561. 5 part., in-4 obl., br., r.

Toutes les voix. Complet.

26. Di Annibale Padovano, organista della illustrissima signoria de Venetia in San Marco, il primo libro de Madrigali a cinque voci, nouamente da lui poste composti, e per Antonio Gardano posti in luce. *Venetia, Antonio Gardano*, 1564. 5 part., in-4 obl., br., r.

Toutes les voix. Complet. Bel exempl.

27. Di Cipriano de Rore il primo libro di Madrigali cromatici a cinque voci. Nouamente ristampato. *In Venetia, Angelo Gardano*, 1593. — Il secondo libro. *Venetia, Gardano*, 1593. — Il terzo libro. *Venetia, Gardano*, 1593. — Il quarto libro. *Venetia, Gardano*, 1580. — Il quinto libro. *Venetia, Gardano*, 1574. Canto, Alto, Tenore, Basso, Quinto. 30 part., 5 vol. in-4 obl., br., r.

Toutes les voix. Complet. Quelques légères mouillures. Les 2 premiers feuillets du *Quinto* de la première partie ont un raccommodage.

28. Il primo libro delle Canzone alla napolitana a cinque voci, con alcune mascharate nel fine, a cinque e a sei, nouamente in luce di Theodoro Riccio, Bresciano, Italiano, Maestro di Capella del Ill Sig. Principe Georgio Friderico, Marchese di Brandenburgo. Canto, Alto, Tenor, Basso, Quinto. *In Norimberga, appresso Catherina Gerlachin ed Heredi di Giov. Montano*, 1577. 5 part., in-4 obl., br., r.

Toutes les voix. Complet. L'exempl. est beau, le ténor a une légère mouillure.

29. Di M. Dominico Micheli il quinto libro de Madrigali a cinque voci, con uno Dialogo a dieci. *Venetia, Angelo Gardano*, 1581. 5 part., in-4 obl., br., r.

Toutes les voix. Complet. Bel exempl.

30. Di Luca Mareazio il primo, secondo, terzo, quarto e sesto libro de Madrigali a cinque voci. Canto, Alto, Tenore, Basso, Quinto. Vol. I-III et VI. *Venetia, Angelo Gardano.* —Vol. 4. *Venetia, G. Vincenti*, 1582-1594.— 25 part. en 5 vol., br., rogn.

Toutes les voix. Bel exempl.

31. Di Gio-Maria Nanino, maestro di capella in S. Maria Maggiore di Roma, il primo libro de Madrigali a cinque voci. *Venetia, Angelo Gardani*, 1582. 5 part., in-4 obl., br., rogn.

Toutes les voix. Complet. Bel exempl.

32. I Furti di Girolamo Belli d'Argenta, il secondo libro de Madrigali a sei voci, nouamente posti in luce. Canto, Alto, Tenore, Basso, Quinto, Sexto. *Venetia, Gardano*, 1584. 6 part., in-4, br., rogn.

Toutes les voix. Complet. Bel exempl. Le *Basso* a une légère piqûre dans la marge.

33. I Capricci di Lodovico Balbi, maestro di capella del Santo di Padova, a sei voci. Nouamente composti e dati in luce. Canto, Alto, Tenore, Basso, Quinto, Sesto. *Venetia, Angelo Gardano*, 1586. 6 part., in-4 obl., br., rogn.

Toutes les voix. Complet.

34. Di Andrea Gabrieli, organista della serenissima signoria di Venetia in S. Marco, il primo, secondo e terzo libro de Madrigali a cinque voci. Con uno dialogo a otto. *Venetia, Angelo Gardano*, 1587-1589. 15 part. en 3 vol., br., rogn.

Toutes les voix. Complet. Bel exempl. avec témoins.

35. Il terzo libro de Madrigali a cinque voci di Tiburtio Massaino. *Venetia, Angelo Gardano*, 1587. 5 part., in-4 obl., br., rogn.

Toutes les voix. Complet.

36. Di Ruggiero Giovanelli, maestro di capella in S. Luigi di Roma, il primo libro de Madrigali a cinque voci. *Venetia, Angelo Gardano*, 1591. 5 part., in-4 obl., br., rogn.

Toutes les voix. Complet. Piqûre dans la marge du Ténor.

37. Il quinto libro de Madrigali a cinque voci di Rinaldo del Mel, Gentil'huomo Fiamengo. *Venetia, Angelo Gardano*, 1594. 5 part., pet. in-4 obl., br., rogn.

Toutes les voix. Complet. Le Ténor a une piqûre dans la marge.

38. Madrigali di Cimarosa. In-8, obl. très-allongé, mar. rouge, dent., tr. dor. (*Anc. rel. aux armes d'Archinto.*)

Manuscrit sur papier du commencement du XVIIe siècle. Les madrigaux sont pour voix de soprano, avec un accompagnement de basse chiffré. Le volume contient 200 feuillets; il est orné *d'un grand nombre d'initiales de la hauteur des pages dessinées à la plume*. Elles sont composées d'anges, de serpents, etc., et présentent au fond des paysages.

39. Concerti de Camera di Giacomo Arrigono. *Venetia*, 1635.— Basso continuo. Sigismond d'India, con il suo Basso continuo da sonar con diversi instrumenti. *Venetia*, 1615.—Basso continuo delli concerti ecclesiastici di Sigismonda d'India. *Venetia*, 1610. — Basso continuo. Il libro de Madrigali di Galeazzo de Sabatini. Il secondo libro. Il quarto libro. Opera quinta. Opera sesta. *Venetia*, 1627-37.—Il primo libro de Madrigali concertati di G. B. Ghinelli. *Venetia*, 1637. — Basso per sonare le Fanferluche del Sig. Donati. Primo libro de Madrigali di Gio. Batt. Locatello. Basso. Villanelle alla Neapolitano di Sigism. da India. *Venetia*, 1610, etc. — En tout 27 part. en 2 vol. in-4., vél.

40. Cantus secundus, chorus primus Thomæ Ludovici de Victoria Abulensis, Cæs. Majest. capellani : Missa magnificat, Psalmi, Moctecta. Cantus II, III. Altus II. Tenor II. — Te Deum laudamus. Veni Creator, Pange lingua, Ave Maria Stella et alia, *quatuor vocum* (more hispanico). Cantus. Altus. Tenor, Bassus. *Matriti, ex Typographia regia*, 1600. In-fol., rel. à comp.

41. Recueil d'airs sérieux et à boire, par M. de Bousset *Paris, C. Ballard*, 1690-1692. 9 part., un vol. in-4 obl., musique, veau.

42. Philomela quai ais canzuns spirituales drizadas a plü part à 4 vuschs in las melodias dal cudesch Musical dal' revd Sgr. Johan Vilhelm Simler. *Stampà à Tschlin in Engadina bassa*, 1684. In-12, musique notée, rel. en bois. (*Ex. un peu fatigué.*)

Première édition.

43. Ils Psalms da David suainter la melodia francêsa, schantaeda eir in tudaisch, a 4 vuschs, traes J. J. et B. Gonzenbach. Eir alchüns dal's medems Psalms, vertieus et schantôs in vears Rumunsch da cantaer traes L. Wietzel. *Stampà in Strada traes J. N. Janet.* 1733. Petit in-4, musique notée, rel. en bois.

44. Ils Psalms da David suainter la melodia francesa, chantaeda eir in tudaisch traes Ambr. Lobwasser. Alchuns psalms e canzuns ecclesiasticas. *Zernetz*, 1775-1776. 2 vol. en un, pet. in-8, rel. en bois, ferm. et coins en cuivre. (*Mouillure.*)

Ces trois livre de cantiques sont en langue rhæto-romane du pays des Grisons. Musique à quatre voix.

45. Les Festes d'Euterpe. Ballet en trois entrées, par Ph. D'Auvergne. Representées le 8 aoust 1758. *Paris, s. d.*, gr. in-4, v. éc., fil.

Exemplaire de présent avec la signature de Dauvergne. Il a été relié pour la célèbre actrice *Justine Favart*, dont on lit le nom sur la reliure.

46. Première, seconde, troisième, quatrième et cinquième Messe à quatre voix, avec accompagnement de deux violons, viola basse, une flûte, deux hautbois, deux clarinettes, deux cors, deux trompettes, etc., par J. Haydn. *Leipzig, Breitkopf et Hertel, s. d.* 5 vol. in-fol. obl., cart.

Partition.

47. The creation, an oratorio composed by Jos. Haydn *Vienna*, 1800. In-fol., cart.

Partition. Première édition. Le texte est en anglais et allemand.

II. — Ornements, Écriture, Livres à figures.

48. Extraordinario libro d'architettura, nel quale si dimostrano trenta porte da Seb. Serlio. *Venezia,* 1559. In-fol., cart.

Bel exemplaire. Les planches représentent des portes (Renaissance) gravées dans le genre de Du Cerceau.

49. Fürstlicher Baumeister, oder Architectura civilis. L'Architecte des Princes. Dessiné par Paul Decker. *Augsburg,* 1711-1716. 3 part. en 2 vol. gr. in-fol., cart.

Les planches représentent en général de riches décorations intérieures.

Bel exempl. complet.

50. Recueil de fontaines, frontispices, cartouches, dessus de portes, bordures, médaillons, trophées, vases, frises, lutrins, pendules, etc., par J. de la Fosse. *Amsterdam, Roos, s. d.* 2 vol. en un, 103 planches, in-fol., dem.-rel., non rogn.

Très-belles épreuves.

51. Pandit Aragonie veterum primordia regum. Hoc opus : et forti prelia gesta manu. — *Impressum est hoc opus in Cesar-Augusta inclyta ciuitate, jussu et auctoritate octo virorum Aragonie regni deputatorũ : industria vero Georgii Coci Allemani, pridie kalẽdas maias : anno Domini* 1509. In-fol., goth., à longues lignes, blasons et fig. s. bois, parch.

Très-bel exemplaire d'un volume splendide. Presque chaque page contient une bordure gravée en bois. C'est un des plus beaux livres illustrés imprimés en caractères gothiques qui aient été exécutés en Espagne.

52. Imperatorum et Cæsarum Vitæ, cum imaginibus ad vivam effigiem expressis. *Argentorati*, 1533. 2 vol. en un, pet. in-4, fig. en bois, parch.

Nombreux et beaux ornements dans le genre de Holbein; bordures, candélabres, etc, etc.

53. Illustratione de gli epitaffi et medaglie antiche, di M. Gabriel Symeoni. *In Lione, par Giovan de Tournes*, 1558. Pet. in-4, fig. vél.

Jolies gravures en bois par le Petit Bernard, ornements, etc.

54. Insignia sacræ cæsareæ maiestatis, principum electorum ac aliquot illustr. nobilium et familiarum, formis artificiosissimis expressa, per Jodocum Amman... *Francofurti, S. Feyrabend*, 1579. Pet. in-4, fig. et blasons, parch.

Bel exemplaire d'un ouvrage très-rare et fort remarquable par ses belles gravures sur bois, écussons ornés, beaux costumes du XVIe siècle, et encadrements ornés. Elles sont au nombre de 270.

55. Thesauro de scrittori, opera artificiosa laquale con grandissima arte si per prattica come per geometria insegna a scrivere diverse sorte littere; tutto extratte da diversi auttori e massimamente da lo precl. Sig. Fanti, mathem. et architett. eruditissim. *S. l.*, 1535. Pet. in-4, 50 feuillets, avec fig. en bois, parch.

Beau livre et très-bel exemplaire. On lit à la fin: *Angelus Mutinen. composuit*. Le recueil a été publié par Ugo da Carpi.

56. Literarum latinarum, quas italicas cursoriasque vocant, scribendi ratio. (Aut. Ger. Mercatore.) *Louanii, ex officina Rutgeri Rescii*, 1540. Pet. in-4, parch.

Modèles d'écriture gravé en bois. Bel exemplaire avec témoins.

57. DENTELLES. Newes Modelbuch in Kupffer gemacht. Darinen allerhand Arth newer Mödel von Dün, Mittel und Dick auszgeschnidener Arbeit auch andern Künstlichen

Nehwerck zu gebrauchen, mit Vleisz in Druck verfertigt. *Nürnberg*, 1604, in-4 obl., vél., tr. dor.

Volume d'une grande beauté et d'une rareté extrême, composé de 10 feuilles préliminaires dont 2 frontispices gravés, et de 58 planches chiffrées, chacune à 2 compartiments. C'est le plus riche ouvrage dans ce genre qui existe.

Un exemplaire de cette édition a été vendu à Bruxelles, le 15 mars 1866, plus de 500 fr.

58. Biblia sacra, latine. *Lugduni, apud Gulielmum Rovilium*, 1567. Gr. in-8, fig., parch.

Cette Bible contient les jolies gravures en bois du Petit Bernard. Bel exemplaire.

59. Histoire du Vieux et du Nouveau Testament, enrichie de plus de 400 figures. *Amsterdam, P. Mortier*, 1700. 2 vol. in-fol., v. à comp., tr. dor.

Texte en hollandais. Très-belles épreuves.

60. Ars memorandi. Memorabiles evangelistarum figuræ. *S. l. (Tubingæ), Thomas Phorcensis, cognomento Anshelmi*, 1502. Pet. in-4, fig. en bois, 18 feuillets dont le dernier blanc, cart.

Bel exemplaire. Première édition d'un livre singulier et rare. Il contient 15 gravures des plus bizarres et d'une exécution remarquable.

61. Al hôneur de nostre sei || gneur Jesu || Christ a este translatee de latin en || francoys La benoiste passion et resurrectiô || par le bon maistre Gamaliel et Nicodemus son nepueu : et le bon chevalier Joseph Daba || rimathie, disciple de Jesucrist. Auec le tres || passement de nostre dame. — Cy finist fa mort et || passion et la resurrection || de nostre seigneur Jesus Christ. *Imprimee nouuellement à Pa || ris, par la veufue feu Jehan Trepperel, demourant en la rue || Neufue Nostre Dame, a l'enseigne de l'escu de France. S. d.* Pet. in-4, goth., fig. en bois, vél.

Bel exemplaire d'un édition non citée. Elle est imprimée en caractères dits de forme, et ornée de jolies gravures en bois, plus anciennes que le volume.

62. Figures du Nouveau Testament. Künstliche und wohlgerissene Figuren der vornehmsten Evangelien sammt der Passion und zwœlf Aposteln, durch Jost Amman. *Frankfurt.* 1579. Pet. in-4, fig. en bois, mar. Lavall., tr. dor. (*Hardy et Menil.*)

Bel exemplaire grand de marges, charmantes épreuves. Le texte est en vers latins et allemands.

63. Evangeliorum dominicalium summaria, Sanctorumque historiæ, paucissimis verbis expressa. Juxta Kalendarium romanum, cum iconibus in ære incisis. *Antverpiæ, ex off. Chr. Plantini*, 1584. 2 vol. en un (112 et 463 pages), in-24, mar. brun, tr. dor. (*Hardy et Ménil.*) Annales Plantiniennes, page 263, n° 9.

Bel exemplaire. L'ouvrage contient près de 300 charmantes figures en taille-douce par Van der Borcht. La première partie est restée inconnue aux bibliographes.

64. Icones biblicæ. Biblische Figuren durch Tob. Stimmer. *Strasbourg*, 1590. In-4, fig. en bois, mar. Lavall., tr. dor. (*Hardy et Ménil.*)

Recueil de 170 planches en belles épreuves.

65. Ringerkunst. Durch Fabian Auerswald zugericht. (L'Art de la lutte.) *S. l.*, 1539. Pet. in-fol., vél.

Bel exemplaire d'un volume de la plus grande rareté. Il contient 86 gravures en bois de la grandeur des pages; la première porte le monogramme de Luc Cranach.

66. Courte et solide histoire de la fondation des ordres religieux. Avec 73 figures de leurs habits, gravez par Adrien Schoonebeek. *Amsterdam, chez A. Schoonebeek*, 1688.—Courte description des ordres des femmes et filles religieuses. Avec les (90) figures de leurs habits, par A. Schoonebeek. *Amsterdam, chez l'auteur. S. d.* — 2 vol. en un, pet. in-8, v.

Belles épreuves.

67. Les Dessins de Mlle Christine Chalon, gravés à l'eau-forte, par Pieter de Mare (avec un texte en hollandais par

J. Le Francq de Berckhey). *Leyden*, *Fr. de Does*, 1779. In-8, vél.

32 planches. Charmantes eaux-fortes représentant des scènes de la vie hollandaise. Très-rares.

68. Jodoci Badii Ascensii Stultifere nauicule seu scaphe fatuarum mulierum, circa sensus quinque exteriores fraude nauigantium. *Impressit Johannes Prusz*, *civis Argentinensis*, 1502. Pet. in-4, fig. en bois, vél.

Bel exemplaire.

69. La Alamanna, di M. Antonio Francesco Oliviero, Vicentino. — Carlo Quinto in Olma. — L'Origine d'Amore. *In Venetia*, *Vicenzo Valgrisi*, 1567. 3 tom., 1 vol. pet. in-4, fig., vél.

Bel exemplaire. Ces poésies sont ornées de nombreuses et jolies gravures en bois.

70. Freund Heins Erscheinungen in Holbeins Manier, von J. R. Schellenberg. *Winterthur*, *Steiner*, 1785. In-8, 25 fig. en taille-douce, vél.

Danse des morts à la moderne. Exemplaire relié sur brochure. (Brunet, V, 196.)

71. Metamorphoses d'Ovide en rondeaux, imprimez et enrichis de figures, et dediez à monseigneur le Dauphin. *Amsterdam*, *chez Abraham Wolfgang*, 1679. Pet. in-8, fig. à mi-page, v.

Jolie édition.

72. Orbis terrarum in nuce, sive Compendium historiæ civilis chronologicum. *Nurnberg*, *Chr. Weigel*, 1722. In-4, vél.

Ce volume (dont le texte allemand ne se trouve pas dans l'exemplaire) contient un millier de figures en médaillon, très-finement gravées. Chaque figure a une courte explication en latin.

73. Tafereel van de Dwasheit. *S. l.* (*Hollande*), 1722 et années suiv. In-fol., veau à comp. (*Anc. rel.*)

Collection nombreuse de caricatures, souvent spirituelles, et bien gravées, sur *Law et les jeux de bourse du temps du Régent.* On y trouve deux jeux entiers de cartes à jouer françaises, et la représentation des scènes orageuses qui se passaient dans la rue Quincampoix.

74. Les Principales Aventures de l'admirable don Quichotte, représentées en 31 figures, par B. Picart, Coypel et autres. *La Haye*, 1746. In-4, fig., d.-rel.

Texte en hollandais.

75. Contes et Nouvelles de J. de La Fontaine. *Amsterdam* (*Paris*), 1762. 2 vol., pet. in-8, fig., mar. r., fil., tr. dor. (*Hardy et Ménil.*)

Edition des fermiers généraux. Bel exemplaire.

76. Fables nouvelles, par Ant. Houdart de La Motte. *Amsterdam*, 1728. 2 tom., 1 vol. pet. in-8, fig., cart.

Chaque planche est entourée d'une bordure.

III. — Belles-Lettres.

77. Les Œuvres de Clément Marot, de Cahors en Quercy. *Paris*, *Gabriel Buon*, 1568. In-16, maroq. br., plats ornés, tr. dor. (*Hardy et Ménil.*)

Jolie et très-rare édition imprimée en caractères italiques. Bel exempl.

78. Recueil de nouvelles pièces galantes, critiques, latines et françoises. *Londres, cette présente année* (vers 1740). 2 vol. en un, in-12, vél.

Bel exemplaire, avec témoins, d'un recueil très-rare, vendu 98 fr. chez Solar (nº 1312 du catalogue de la vente). — On dit dans le catalogue de cet amateur que notre recueil contient des pièces que l'on ne trouve pas ailleurs.

79. Il Petrarcha. Con la spositione di M. Giovanni Andrea Gesualdo. *S. l.* (*Venetia*), *per Domenico Giglio*. Pet. in-4, fig. en bois, rel. en bois.

Bel exemplaire. La reliure est datée de 1554.

80. Il Petrarcha con l'expositione d'Alessandro Velutello. *In Venezia, al segno della Speranza*, 1550. Pet. in-8, vél.

Édition estimée.

81. Le Rime del Petrarca, breuemente sposte per Lodovico Castelvetro. *In Basilea, ad istanza di Pietro de Sedabonis*, 1582. In-4, bas. (*Aux armes.*)

Première édition de ce commentaire fort estimé.

82. Gerusalemme liberata del sig. Torquato Tasso, tratta da fedeliss. copia, et vltimamente emendata di mano dell' istesso auttore. *In Casalmaggiore, Ant. Canacci*, 1581. Pet. in-4, d.-rel.

83. Gyrone il Cortese di Luigi Alamanni. *Stampato in Parigi da Rinaldo Calderio e Claudio suo figliuolo.* 1548. In-4, vél. à comp., tr. dor., gaufr., anc. rel. (*Titre doublé.*)

Quelques feuillets au milieu ont une tache; du reste très-bel exempl.

84. Opere de Antonio Richo, Neapolitano, intitulata Fior de Delia. Stampata Nouamente. Sonetti. Capitoli. Epistole. Desperata. Eclogha. Barzelette. Strambotti. Farze. *Impressum Venetiis, per Maestro Manfredo Bono da Monteserrato*, 1508. Pet. in-8, vél., tr. dor.

Titre imprimé en rouge.

85. Frottole Noue Damo || re con alquanti So || netti et Dialoghi. *S. l. n. d.* (*Venetia, vers* 1510). Pet. in-8, cart. (*Légère piqûre.*)

Pièce de 4 feuillets, de la plus grande rareté. Elle se termine par une « Canzoneta damor. » Le titre, qui est en gros caractères gothiques, porte au milieu une gravure en bois.

86. Capitulo pastorale alla Villanescha *S. l. n. d.* (*Venetia*, 1510.) Pet. in-8, cart. (*Légère piqûre.*)

Cette plaquette de 4 feuillets est fort rare. L'intitulé est en gros caractères gothiques, suivi d'une jolie gravure en bois. La pièce commence : *Bichignolo; Che fatu qui Tonin cosi soletto.*

87. I Cantici di Fidentio Glotto Crysio, ludimagistro. Con aggiunta d'alcune vaghe compositioni nel medesimo genere. *In Fiorenza*, 1572. Pet. in-8, cart.

88. Ragiomento dello Academico Aldeano sopra la poesia giocosa. — Rime piacevoli dello Academico Aldeano. *In Venetia*, 1634. 2 vol. en un, pet. in-4, parch.

89. Œuvres satiriques de P. Corneille Blessebois. *A Leyde*, 1676, front. grav. et 3 ff. pour titre et préface. — L'Almanach des belles pour l'année 1676, par Pierre Corneille Blessebois, 34 pages et un feuillet blanc. — L'Eugénie. Tragédie dédié (*sic*) à son Alt. le prince d'Orange, 52 pages, 3 ff. et un feuillet blanc. — Le Rut ou la Pudeur éteinte, 3 part. Avec le dernier feuillet blanc. — 5 part. en un vol. pet. in-12, maroq. bleu, fil., tr. dor. (*Anc. rel.*)

Aux armes de la COMTESSE DE VERRUE.

90. Fiorina, comedia del famosissimo Ruzzante. *Vinegia*, *Domen. de Farri*, 1561. Pet. in-8, v.

91. Moschetta, comedia del famosissimo Ruzzante. *Venetia St. de Alessi*, 1551. Pet. in-8, v.

92. Comedia intitulata Alessandro, del sig. Alessandro Piccolomini. *Vineggia, Aug. Bindoni*, 1550. Pet. in-8, cart.

93. Celestina. Tragicomedia de Calisto et Melibea, nuovamente tradotta de lingua castigliana, dapoi ogni altra impressione novissimamente corretta, distinta, ordinata. *S. l. (Venetia), Giovann Antonio e Pietro de Nicolini de Sabio*, 1541. Pet. in-8, fig. en bois, vélin.

Bel exemplaire.

94. Las Comedias del famoso poëta Lope de Vega Carpio, recopiladas por Bernardo Grassa. *Amberes, en casa de Martin Nucio*, 1607. — Segunda parte de las comedias de Lope de Vega. *En Amberes, bidua de Pedro Bellero*, 1611. — 2 vol. en un, pet. in-8, vél. à comp.

Exemplaire avec témoins.

95. Les Novvelles Recreations et ioyeux deuis de Bonaventure des Periers, varlet de chambre de la Royne de Navarre. Augmentées et corrigées de nouueau. *Paris, N. Bonfons*, 1572. In-16, parch.

Exemplaire avec témoins.

96. Le Diable boiteux, par monsieur Le Sage. Nouvelle édition, corrigée, refondue, ornée de figures et augmentée d'un volume. *Amsterdam, P. Mortier*, 1729. 2 vol. en un, in-12, fig. bas.

97. Le Bachelier de Salamanque, ou les Mémoires de D. Che-Cherubin de la Ronda. *Amsterdam, Wetstein et Smith*, 1736. 2 vol. en un, in-12, fig., cart., non rogn.

98. Il Decamerone di M. Giovanni Boccaccio, nuovamente alla sua vera lettione ridotto da M. Lod. Dolce. *Vinegia, Gabriel Giolito de Ferrari*, 1552, in-12, fig. en bois, vél.

Quelques soulignures.

99. Il Decamerone di M. Giovan Boccaccio, alla sua intera perfettione ridotta, et con dicharationi et avvertimenti illustrato, per Girol. Ruscelli. Con un vocabulario generale. *In Venetia, appresso Vincento Valgrisi*, 1557. In-4, fig. en bois, vél.

100. Il Decameron di M. Giovanni Boccacci, ricorretto in Roma, et emendato secondo l'ordine del sacro Conc. di Trento; et riscontrato in Firenze con testi antichi et alla sua vera lezione ridotto da deputati di loro Alt. Ser. *Fiorenza, nella stamperia de i Giunti*, 1573. — Annotationi *et discorsi* sopra alcuni luoghi del Decameron. *Fiorenza, Giunti*, 1574. — 2 vol. en un, in-4, vél.

Bel exemplaire.

101. Inuectiva di Messer Giouanni Boccaccio contra una maluagia dôna, decto Laberinto damore ed altrimenti il Corbaccio. *S. l. n. d.*, 42 ff. à 33 ll. sign. a-e. Pet. in-4, vél.

Bel exemplaire. Edition sans indication de lieu ni de date,

mais qui paraît être sortie des *presses florentines, vers* 1490. La première page est entourée d'une bordure gravée en bois.

102. Ameto di messer Giovanni Boccaccio. Con le osservationi in uolgare grâmatica sopra esso di Hieronimo Claricio. *Impresso in Milano, nella officina Minutiana a spesa di Andrea Caluo. A di X di giugno*, 1520. Pet. in-4, vél.

Exemplaire très-grand de marges, avec témoins.

103. Porretane de M. Sabadino, Bolognese, dove si narra nouelle settantauna. *In Verona, Antonio Putelleto*, 1540. Pet. in-8, vél.

Bel exemplaire.

104. Le tredici et piacevoli notte del S. Giovan Francesco Straparola da Carauaggio. *In Venetia, Daniel Zanetti*, 1597. Pet. in-8, vél.

105. La prima e seconda parte de Ragionamenti di M. Pietro Aretino. — Commento di ser Agresto de Ficarvolo sopra la prima ficata del padre Siceo, con la diceria de' nasi. *Stampata nel la nobil citta di Bengodi*, 1584. 3 part., un vol. petit in-8, v. fil., tr. dor.

Edition de 198, 339 et 118 pages.

106. Aloisiæ Sigææ Toletanæ satyra sotadica, de arcanis Amoris et Veneris. Accessit colloquium, ante hac non editum, Fescennini. *S. l.*, 1678. 2 vol. en un, in-12, mar. br., fil., tr. dor. (*Hardy et Menil.*)

Bel exempl. d'une édition très-rare.

107. Le Galathee ov la maniere et fasson comme le gentilhomme se doit gouuerner en toute compagnie, traduit d'italien en françois par Jean du Peyrat, Sarladoys. Dedié a tres hault Prince Henry de Bourbon, Prince de Nauarre. *A Paris, Jacques Keruer*, 1562. Pet. in-8, vél.

Le dernier feuillet ne contient que deux vers :

Il penzier senena,
Il desiderio resta.

Très-bel exemplaire rempli de témoins.

108. Il libro del Cortegiano del conte Baldasar Castiglione. *In Venetia, heredi d'Aldo,* 1533. Pet. in-8, v. gaufr., dor. (*Première reliure.*)

109. Quatro libri de dubbii, con le solutioni a ciascun dubbio accomodate (da Ortensio Landi). *Venetia, Gabr. Giolito,* 1552. Pet. in-8, vélin.

Livre singulier.

110. Montaigne. Discorsi morali, politici, et militari, del molto ill. Sig. Michiel di Montagna. Trad. dal Sig. Girolamo Naselli. *In Ferrara, Bened. Mamarello,* 1590. Pet. in-8, maroq. Lavall., fil., tr. dor.

IV. — Histoire.

111. Les Délices de la France, ou Description des provinces et villes capitales d'icelle, comme aussi la description des châteaux et maisons royalles. *Leyde, Jacques Mouquée,* 1685. In-12, fig., vél.

112. Premier volume du Recueil contenant les choses memorables aduenues soubs la Ligue, qui s'est faicte et esleuée contre la religion Reformée, pour l'abolir. *S. l.,* 1587. — Lettre d'un gentilhomme catholique françois, contenant breue Response aux calomnies d'un certain pretendu Anglois. *Imprimé nouuellement,* 1586. — Fidelle exposition sur la déclaration du duc de Mayenne, contenant des exploicts de guerre, qu'il a fait en Guyenne. *Imprimé nouuellement,* 1587. — Le second Recueil, contenant l'histoire des choses plus mémorables aduenues sous la Ligue. *Imprimé nouuellement,* 1589. 2 vol. pet. in-8, parch.

Un exemplaire de ce recueil, rogné jusqu'à la lettre, a été vendu 360 fr. à la vente Radzivil. Le nôtre a des témoins. Les 2 derniers feuillets de la troisième pièce ont un raccommodage dans les marges.

113. Mémoires d'Estat par M. de Villeroy, secrétaire des commandements des Rois Charles IX, Henry III, Henry IV et de Louys XIII. — Mémoires d'Estat, recueillis de divers manuscrits, en suite de ceux de M. Villeroy. *Paris, De la Coste*, 1636. 4 vol. in-8, vél.

114. Playdoyé de M. Antoine Arnauld pour l'Université contre les Jesuites. *A La Haye, Albert Henry*. A la fin : (*Delf, typis B. Schinkelii*), 1594. Pet. in-8, vél.

Ecrit violent contre les Jésuites.

115. Les Mémoires du duc de Rohan. *S. l.* (*Elzevier, à la sphère*), 1664. — Véritable discours de ce qui s'est passé en l'assemblée politique des Eglises reformées de France, tenue à Saumur l'an 1611. — 2 vol. en un, pet. in-12, vél.

Première édition. Exemplaire grand de marges.

116. Histoire de la guerre de Flandre, de Famianus Strada, traduite par P. Du Ryer. *Suivant la copie imprimée à Paris* (*marque des Elzevier sur le titre*), 1652. 2 vol. in-8, portraits, vél.

117. Les Historiettes de Tallement des Réaux, troisième édition, publiée avec notes et éclaircissements historiques, par MM. Paulin Pâris et de Monmerqué. *Paris*, 1853-1860. 9 vol. gr. in-8, mar. Lavall, tr. dor. (*Hardy et Ménil.*)

Très-bel exemplaire EN GRAND PAPIER DE HOLLANDE Epuisé et rare.

2718. — Paris, imprimerie JOUAUST, rue S.-Honoré, 338.

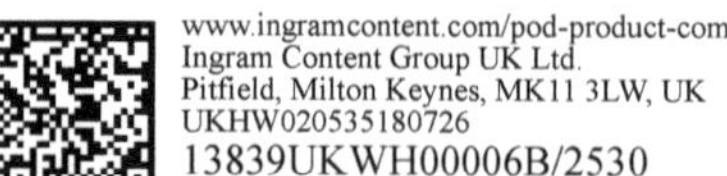

www.ingramcontent.com/pod-product-compliance
Ingram Content Group UK Ltd.
Pitfield, Milton Keynes, MK11 3LW, UK
UKHW020535180726
13839UKWH00006B/2530